REPONSE
AUX OBSERVATIONS
DE
M^R. GALLAND,

SUR LES EXPLICATIONS
de quelques Médailles de Tetricus
le Pere, & d'autres.

Tirées du Cabinet de

M^R. DE BALLONFFEAUX.

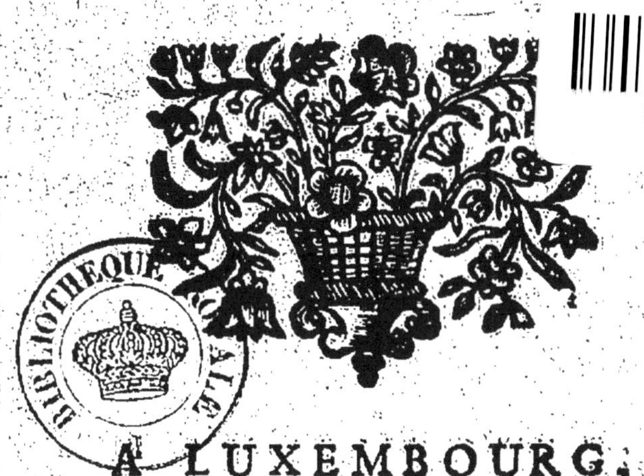

A LUXEMBOURG,

Chez ANDRE' CHEVALIER, Imprimeur
& Marchand Libraire.

M. DCC. II.

A
MONSIEUR GALLAND.

MONSIEUR,

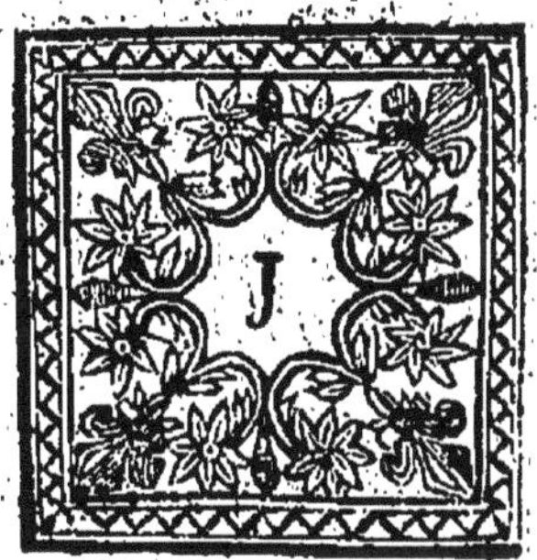

E ne fongeois à rien moins qu'à l'étude des Monumens Antiques, lors que je reçûs par le canal d'un de mes Amis, un exemplaire des Obfervations que vous m'avez fait l'honneur de m'adreffer de Caën, au fujet de quelques Medailles Antiques de mon Cabinet que le R. P. Hardoüin a expliquées dans quelques Lettres latines qu'il m'a écrites, & que j'ai rendu publiques avec celles que je lui avois écrit à ce fujet.

Je lûs donc vôtre Ouvrage avec toute l'avidité & l'empreffement que les écrits qui fe

A 2

déclarent parties, inspirent naturellement à ceux qui y sont interessez.

Je trouvai sur la fin de vôtre Lettre, que vous n'aviez pris la plume pour contredire les sentimens du R. P. Hardoüin & les miens, que par une espece de motif de conscience, pour ainsi dire, *& pour servir d'avertissement à ceux qui liront nos découvertes, ou qui en entendront parler, de ne pas se presser d'embrasser d'abord nos opinions, mais de s'en défier, & de bien les examiner auparavant.* Vous n'avez pas laissé ensuite de rendre justice, tant au mérite de ce sçavant Homme, qu'à ma bonne foi, puis qu'immédiatement aprés cela vous ajoûtez : *Que vous êtes persuadé que ce n'a pas été nôtre dessein*, en publiant ces découvertes, qui vous paroissent si peu recevables, *de tromper les curieux, & que quoique vous ne me connoissiez pas en particulier, vous vous garderez neanmoins bien d'avoir cette opinion de ma probité, & encore moins de celle du R. P. Hardoüin, dont le mérite & la doctrine vous sont trés-connus, & que vous honorez depuis long-tems. Mais que quand vous y faites bien reflexion, vous vous imaginez, que nous ne sommes pas nous-mêmes persuadez de tout ce que nous avons avancez l'un & l'autre, que nous l'avons fait seulement pour nous divertir, & que nous nous ferons un plaisir de ce que vous avez pris la chose si sérieusement.*

Oüi, Monsieur, il est vrai que ce n'a été que par maniere de divertissement que j'ai

essayé de tirer un bon sens, & qui pût servir
à l'éclaircissement de l'Histoire du Regne de
Tetricus, des Inscriptions bizarres qui en-
tourent les Têtes de quelques Médailles de
bronze que j'ai de cet Auguste. Mais comme
je me défiois de mes forces & de ma capacité
dans cette occasion, j'ai crû devoir implorer
le secours des lumieres que le R. P. Hardoüin
a acquises dans le Païs de l'Antiquité, persuadé que j'étois, que très-peu de personnes
seroient aussi capables que lui d'éclaircir les
profondes ténebres dont toute l'Histoire est
enveloppée, ni qui voulussent l'entreprendre
avec autant de complaisance pour moi.

Voilà ce qui a donné lieu à nôtre commerce de Lettres; & vous voyez bien delà, Monsieur, que la passion que j'ai de profiter des
instructions d'autrui, m'a engagé à m'adresser
avec confiance à ce sçavant homme, pour être
éclairci de mes doutes.

Il a répondu à mon empressement avec tant
de generosité & d'érudition, que j'aurois crû
avoir quelque chose à me reprocher, si j'avois
gardé pour moi seul toutes les belles découvertes que ce peu de lettres nous apprennent.
C'est aussi ce qui m'a déterminé à les commu-
niquer au public, & à les faire imprimer à
Luxembourg chez le Sieur André Chevalier,
Marchand Libraire. J'y ai aussi joint les miennes, non pas que je crûsse qu'elles en valoient
la peine, mais afin que les Lecteurs vissent
mieux la suite du dessein qui avoit donné oc-

A 3

cafion à cette correfpondance.

J'ai crû, Monfieur, vous devoir faire avant toute chofe ce petit détail pour vous guerir tout d'un coup du foupçon que vous témoignez avoir à l'entrée de vôtre Lettre du lieu de l'impreffion, & fi celles qui portent mon nom, font effectivement de ma façon.

Examinons prefentement fi les Obfervations que vous avez bien voulu faire à leur fujet, font auffi folides & auffi bien fondées que vous le prétendez.

Mais avant que j'entre en matiere, trouvez bon, s'il vous plaît, que je vous faffe fouvenir de deux petits vers, qu'un des plus beaux Efprits du tems, qui m'honore de fon eftime, vous a cité fort à propos ci-devant, dans une conjoncture à peu prés pareille.

Diverfum fentire duos de rebus iifdem
Illasâ licuit femper amicitiâ.

Qu'il a tourné lui-même en François de la maniere fuivante :

Il a toûjours été permis,
Même entre les meilleurs amis,
D'être fur même cas d'opinion diverfe ;
Et cette difpofition,
N'a jamais bleffé le commerce,
De la plus tendre affection.

Si vous me demandez à quel propos je vous

cite ces vers , je vous dirai , Monsieur , que comme je vous honore beaucoup , j'aurai toûjours bien de la déference pour vos sentimens. Mais ce ne sera pas au point que vous m'accusez d'en avoir pour ceux de l'Auteur du *Sæculum Constantinianum.* Je ne suis pas à la verité des plus difficiles à persuader , & je suis encore beaucoup moins entêté de mes opinions. Mais il faut avoüer aussi , que je ne prens pas pour argent comptant certains raisonnemens , ou faux en eux-mêmes , ou peu vrai-semblables. Ainsi , vous pouvez être persuadé , Monsieur , que si j'ai embrassé le Systême de la Chronologie du Siécle de Constantin , ce n'a été d'abord que parce que des personnes illustres par leur sçavoir , m'en avoient donné une idée autant avantageuse qu'il le mérite , avant même que je l'eusse vû. Mais depuis que je l'ai examiné par moi-même , j'y ai donné les mains d'autant plus volontiers , que personne jusqu'ici , n'a plus habilement rétabli , (au jugement de la plûpart des veritables Sçavans ,) la Chronologie embroüillée de ces tems-là que lui. Cependant s'il se trouvoit un jour , ou que vous , ou que quelqu'autre nous découvrît une route plus sûre & plus droite que la sienne , je suis de ces gens *qui non jurant in verba Magistri* , je sçai me rendre sans peine , & me ranger du côté de ceux qui ont pour eux la verité , ou tout au moins une vrai-semblance appuyée d'un raisonnement qu'on ne puisse contester.

Aprés cela j'espere que vous trouverez bon que je me serve du privilege si generalement reçû de tous ceux qui font profession de Litterature, en m'expliquant avec une entiere liberté, sur tout ce que vous avez opposé à nos sentimens.

Vous commencez par combattre l'Essai de la Chronologie du Siecle de Constantin ; & vous dites *que cette Chronologie, bien loin d'être rétablie, est au contraire extrémement alterée, par la maniere dont on s'y est pris.* Cependant un moment aprés vous avoüez, *qu'en lisant la Chronologie du siecle de cet Empereur, le Systême sur lequel elle est fondée, vous parût d'abord si bien conçû, si bien appuyé, & en même-tems si vrai-semblable, que vous ne voyez pas comment l'on y pourroit répondre. Nonobstant cela, vous esperiez qu'il se trouveroit bien-tôt quelque Antiquaire qui en désabuseroit le public, sur tout à l'égard de la pluralité des Constantins, n'y en ayant jamais eu selon vous, qu'un seul de ce nom.*

C'est ce que personne cependant n'a osé entreprendre jusqu'ici. Voulez-vous en sçavoir la raison, Monsieur ? la voici. C'est que tous ceux qui ont vû ce sçavant Ouvrage, quelque prévenus qu'ils fussent pour l'ancienne route, comme vous l'appellez, & quelque envie qu'ils ayent eu de le combattre, ont crû aprés avoir bien examiné le tout, que ce seroit inutilement, & que leurs efforts à cet égard ne tourneroient qu'à leur confusion.

Voilà ce qui les en a détourné. Mais vous, après y avoir rêvé pendant quelques années, vous vous déclarez enfin contre ce Système. Ce n'est point peut-être que vous ne le trouviez juste au fond ; mais c'est que vous croyez qu'il n'y a pas d'honneur à changer de sentiment, & qu'il ne faut pas démordre de certains principes que l'on a une fois adoptez, quelque erronez qu'ils soient au fond, & reconnus tels dans la suite.

C'est de quoi je me flatte que vous conviendrez, pour peu que vous fassiez d'attention à ce que j'aurai l'honneur d'opposer aux argumens que vous aportez pour détruire la pluralité des Constantins.

Ce qui a donné lieu, dites-vous page 8. *à l'ouvrage dont il s'agit, c'est particulierement la diversité du visage du grand Constantin qui se remarque sur quelques unes de ses Médailles, en établissant une multiplicité de Constantins, à peu prés égale à cette diversité. Avant que de se déterminer sur un point de cette importance, il semble qu'il falloit chercher d'autres moyens pour résoudre la difficulté qui est grande & embarassante, il en faut convenir. Mais le R. P. Hardoüin en eût bien-tôt trouvé un autre s'il eût eu à sa disposition un Cabinet aussi abondant en Médailles Antiques que celui de Monsieur Foucault, & sur toute chose à l'égard de celles qui portent les noms des Empereurs contemporains de Constantin.*

Qu'auroit-on trouvé, je vous prie, Monsieur, de si contraire à l'opinion de ce celebre Ecrivain? *On y auroit reconnu à l'œil, assurez-vous, que c'est aux Inscriptions des Médailles de ce tems-là qu'il faut s'arrêter, pour sçavoir par les noms qui y sont marquez à quels Empereurs elles appartiennent, & non pas aux têtes, qui appartiennent souvent à d'autres Empereurs que ceux qui y sont nommez. Car ces têtes de Constantin si differentes de visage, ne sont pas les têtes d'autres Constantins; mais elles sont de Galerius Maximinus, ou de Maxence, ou de Licinius, avec le nom de Constantin à l'entour.*

Quoi que cette nouvelle doctrine regarde plus les sentimens du R. P. Hardoüin que moi, je lui laisserai le soin de vous y répondre en détail; étant persuadé, que s'il l'entreprend, il le fera d'une maniere qui ne souffrira point de replique. En attendant, & pour vous faire voir que ce n'est ni par caprice, ni à l'aveugle que j'ai embrassé son systeme, j'espere qu'il ne trouvera pas mauvais, que je vous fasse connoître d'avance la nullité des argumens que vous y opposez.

Ce n'est donc qu'aux Inscriptions, & non pas aux têtes qu'il faut s'arrêter, pour sçavoir à quels Empereurs elles appartiennent?

Vous n'en êtes pas bien persuadé vous-même; car vous ajoûtez ensuite, *que cela me paroîtra étrange, & que je m'étonnerai en cherchant comment il s'est pû faire, que les Médailles portent les noms de certains Empereurs, les têtes qui y sont representées ne soient pas d'eux, mais d'autres Empereurs. Que je me récrierai même que cela est contre la vraisemblance.*

En effet, Monsieur, croyez-vous que personne, pour peu qu'il ait de teinture de cette sorte d'étude, puisse se persuader, que ce que vous venez d'avancer comme une chose de fait & incontestable, doive être reçû comme tel, parce que vous avez crû entrevoir sur les Médailles cette prétenduë difference de Têtes? Vous m'y renvoyez même pour m'en éclaircir par mes yeux propres. Je suis docile, car quoi que je sçûsse d'avance que je n'y rencontrerois rien de tout ce que vous prétendez établir, je n'ay pas laissé de repasser toutes celles de mon Cabinet, qui peuvent y avoir quelque rapport. Vous allez entendre presentement, ce que j'y ai remarqué de singulier, tant pour l'opinion que vous soûtenez, que pour celle qui lui est contraire.

Comme la Ville d'Echternach, où je fais ma residence ordinaire, n'est éloignée de la fameuse Ville de Treves que de trois lieuës, où l'on en déterre de plus en plus, & que dans nôtre Province de Luxembourg, on en découvre quantité presque tous les jours, je ne laisse gueres échapper d'occasion d'acquerir ce qui s'en presente. Dans toutes celles donc que j'ai, dont le nombre est considerable pour un particulier, tant en or, & en argent, qu'en grand, moyen & petit bronze, fut tout dés latines; après avoir examiné attentivement, & confronté les Têtes qui sont

sur les Médailles de Constantin, avec celles
de Licinius, de Galerius Maximinus, & de
Maxence, auſquels vous voudriez me perſua-
der qu'elle appartiennent; je puis vous aſſûrer
avec verité, que quelque ſoigneuſement que
je les aye conſiderées, & quelque effort que
j'aye fait pour trouver cette prétenduë diſtin-
ction, ſi palpable, comme vous l'aſſûrez, je
n'ai pû y découvrir aucune de ces reſſemblan-
ces. Ce qu'il y a de vrai, c'eſt que les Têtes
de Galerius Maximinus, confrontées avec celles de Fl. Val. Conſtantinus, ſemblent d'abord
être les mêmes; mais pour peu qu'on y faſſe
d'attention, on y remarque une difference
qui n'eſt pas petite, puiſque Conſtantin a le
nez fort aquilin, & que celui de Galerius Maximinus deſcend tout droit, ce qui change
extrêmement l'air d'un viſage, comme vous
n'en ſçauriez diſconvenir.

Voulez-vous bien, Monſieur, que je vous
diſe ce qui a donné lieu à vôtre mépriſe ? ce
n'eſt aſſûrement pas cette reſſemblance ſi parfaite des têtes que vous vous êtes figuré avoir
trouvé ſur les Médailles des Princes dont nous
venons de parler; c'eſt aucontraire le peu d'habileté des Graveurs, dont vous vous plaignez
dans la ſuite ſi fort & ſi ſouvent, qui vous ont
engagé dans cette route ſi écartée & ſi incon-
nuë juſqu'à preſent.

Effectivement, tel Graveur qui vouloit ou
devoit nous repreſenter Conſtantin n'ayant pû
en atraper ni l'air, ni la phyſionomie ſur la Mé-

daille, y a formé ou une espece de marmouset, ou toute autre chose que ce qu'il avoit dessein de faire. Cela même est arrivé quelquefois à l'égard des autres Empereurs : Car j'ai dans mon Cabinet des Médailles de Galerius Maximianus, & des Constantins de moyen bronze avec les inscriptions suivantes qui justifient trés-bien ce que j'avance :

MAXIMIANUS. NOB. CAES. *La tête de ce Cesar couronnée de Laurier.*

.)(. SACRA. MON. UR. D. AUGG. ET CAESS. NN. *Le genie de la monoye debout ayant de la droite une balance, la corne d'abondance de la gauche.*

IMP. CONSTANTINUS. P. F. AUG. *Là tête de Constantin couronnée de Laurier.*

.)(. CONSERV. URB. SU. -- *Un temple a six colonnes au milieu duquel le genie de quelque Ville est assis habillé en Deesse le casque en tête, tenant de la main droite un globe terrestre, de la gauche une pique, & ayant à ses pieds un Bouclier. Au Frontispice du temple il y a* X. *à l'Exergue* AQT.

CONSTANTINUS. NOB. CAES. *Là tête de ce Cesar couronnée de Laurier.*

.)(. JOVI. CONSERVAT. CAES. *Un Hercule étouffant un Lion, ayant à ses pieds la Massue dressée, à l'Exergue* ST.

Ainsi ces têtes quoi que peu ressemblantes à plusieurs autres de ces mêmes Princes ne laissent pas d'apartenir uniquement à ceux dont elles portent les noms, quoi qu'elles ne représent pas toûjours tout-à-fait les originaux, ny aucun même des Empereurs contemporains.

Le moyen après cela je vous prie, s'il falloit prendre ce principe pour regle, de pouvoir discerner au juste la veritable tête d'un Empereur? puisque selon vous elles se trouvent souvent placées & dénuées des Inscriptions qui leurs sont propres & naturelles? n'est ce pas là introduire dans cette science une confusion prodigieuse, & se joüer de ces monumens si estimables, en les expliquant d'une maniere si peu vraysemblante, & si peu soûtenable?

Vous n'en demeurez pourtant pas là; car pour apuyer ces transpositions de têtes & pour soûtenir qu'avec le nom de Constantin, on a joint le portrait de Licinius ou de Maxence, vous posez pour principe *qu'il ne s'est frappé de ces Medailles peu communes* (c'est avec justice que vous les nommez ainsi, puisque je ne pense pas qu'il s'en trouve ailleurs de semblables que dans vôtre Cabinet, ou dans vôtre Idée:) *qu'autant de tems que ces Empereurs ont vécu de bonne intelligence avec Constantin, au commencement de son regne, & cela dans la veüe de marquer encore davantage leur union par cette communication de nom autour des têtes differentes.*

Tout cela quoique specieux, court grand risque de n'avoir aucun sçavant pour aprobateur. Car enfin si ces Princes vouloient marquer leur union, & si vous voulez même la déference qu'ils avoient les uns pour les autres, pourquoi ne pas imiter l'exemple des Empereurs Pupien & Balbin, qui comme nous le voyons sur les Legendes de leurs Medailles, l'ont fait d'une maniere bien plus noble, plus grande, & plus naturelle, par le FIDES. MUTUA. AUGG. AMOR. MUTUUS. AUGG. & par d'autres semblables inscriptions? Car nous ne voyons pas sur ces Medailles, que ces Augustes y ayent confondu leurs têtes, toutes celles de Pupien portent leurs inscriptions naturelles, & celles de Balbin de même.

Ne s'ensuit-il pas delà naturellement, que les moyens que vous employez pour éluder la pluralité des Constantins ne peut subsister, puisque comme nous venons de le dire, les Princes contemporains, au lieu de faire mettre sur leurs Medailles les têtes de leurs Collegues, n'avoient au contraire pour marquer la bonne amitié qu'ils entretenoient reciproquement, qu'à imiter en cette occasion ces Empereurs leurs Predecesseurs.

Or pour prouver que cela s'est pratiqué presque de la même maniere au revers des Medailles, du vivant de Constantin même, j'ai pour le justifier deux témoins sans reproche à vous produire, que j'ai tirez de mon Cabinet, ce sont deux Medailles de petit bronze l'une de Crispus, & l'autre de Constantinus junior dont voici les Legendes :

CRISPUS. NOB. CÆS. *Crispus couronné de Laurier.*

)(. D. N. CONSTANTINI. MAX. AUG. VOT. XX. *Dans une Couronne de Laurier: & à l'Exergue* ST.

CONSTANTINUS. JUN. NOB. *la tête couronnée comme dessus.*

)(. D. N. CONSTANTINI. MAX. AUG. VOT. XX. *dans une Couronne de Laurier: l'Exergue est frusté.*

Mais comme nonobstant ce que nous venons de voir, vous persistez toûjours à ne vouloir reconnoître qu'un seul Constantin, je me contenterai de la seule preuve tirée des Medailles, comme j'ai déja fait, pour vous convaincre de l'erreur où vous êtes à cet égard. Celles que je produirai, sont en partie tirées de vôtre Cabinet, & en partie du mien.

La premiere sera celle qui se trouve dans le Siécle de Constantin, page 205. elle represente de chaque côté une Tête, qui pour la physionomie sont très dissemblables, comme vous le sçavez vous-même, puisqu'elle est conservée au Cabinet de Monsieur Foucault. En voici l'inscription.

CONSTANTINUS. AUG. *La Tête de Constantin couronnée de laurier, avec l'air d'un homme de quarante ans.*

)(. CONMAXANTTINUS. AUG. *La Tête pareillement couronnée de laurier, qui paroît être celle d'un homme de vingt-sept ans*

Ccs

Ces inscriptions & ces têtes d'un âge si different, que nous apprennent-elles, sinon que du Regne de Constantin, il y en avoit un autre de même nom, de la Famille MAXIMA, car c'est ce que les Lettres MAX. nous apprennent.

J'ai de plus moi-même cinq Médailles de Constantin, dont l'une est d'argent, d'une conservation achevée, & les autres sont de petit bronze. Celle d'argent porte cette inscription :

CONSTANTINUS. MAX. AUG. *La Tête de cet Auguste entourée d'un diadême garni de pierreries.*

.)(. VICTORIA. CONSTANTINI. AUG. *Une Victoire tenant une Couronne de laurier de la droite, & une branche de palmier de la gauche. A l'exergue* PTS.

Les quatre de bronze ont toutes la même Inscription, tant du côté des Têtes, que des revers, comme il s'enfuit :

CONSTANTINUS. AUG. *La tête couronnée de Laurier.*

.)(. D. N. CONSTANTINI MAX. INV. AUG. VOT. XX. *Au milieu d'une Couronne de Laurier.*

Il n'y en a qu'une où se lise INV. *Invictus,* ce mot ne se trouve pas sur les autres. Dans les Exergues il y a, RP. AQP. TT. AQS.

Toutes les Medailles que je viens de citer, me donnent occasion de vous demander, Monsieur, si le Constantin dont nous voyons la

tête avec l'inscription de CONSTANTI-
NUS AUG. étoit le même que le D. N.
CONSTANTINUS. MAX. INVICTUS.
Pourquoi ce Constantin n'auroit-il pas été
qualifié MAX. tant du côté de la tête qu'au
revers: puisque nous avons en effet des Me-
dailles où ce mot se rencontre ainsi, témoin
celle que le *Sæculum Constantinianum* nous
propose page 214. avec cette Legende,
CONSTANTINUS. MAX. AUG.
la tête ornée d'un diademe garni de pierreries.
)(. D. N. CONSTANTINI. MAX.
AUG. VOT. XXX. *Au milieu d'une*
Couronne de Laurier, à l'Exergue SMR.
Si, dis-je, la tête de CONSTANTINUS
AUG. apartenoit à CONSTANTINUS
MAX. il auroit le même nom des deux côtez,
comme cela se voit clairement dans toutes
celles qui apartiennent à ce MAXIMUS.

Pour satisfaire ensuite aux objections que
vous avez prévû que l'on vous feroit sur les
differentes denominations des Familles, que
les inscriptions des Médailles des Constantins nous fournissent, comme sont celles de
Flavius Valerius, Flavius Claudius, & Flavius
Julius, vous dites, que *ces denominations si*
differentes attribuées sur ces monumens *au*
seul Constantin le Grand comme vous l'appellez, *ne doit point favoriser la pluralité que l'on*
pretend en introduire. Voulant insinuer parlà
qu'il s'en seroit servi, ou les auroit pris indifferemment sur ses monoyes.

Si cela est ainsi, pouvez vous aprés cela re-
jetter comme vous faites, la pluralité des Constantins? Car qui ne sçait le soin qu'avoient
les Romains de distinguer par ces sortes de
Legendes leur extraction, & les Familles d'où
ils sortoient en ligne directe, & dont ils se
faisoient honneur, ou dans lesquelles ils
étoient entrez par adoption? vous n'ignorez
pas que la Famille *Flavia Valeria*, n'est pas
celle de *Flavia Claudia*, & que celle de *Flavia Julia* est toute differente des deux pre-
mieres. De sorte que voilà trois Familles qui
ont chacune une *denomination* particuliere,
quoi qu'elles fussent quelquefois alliées entre
elles.

Ainsi n'en ririez vous pas tout le premier,
si quelqu'un s'avisoit de dire que les Princes
de la Maison de Bourbon, par exemple, &
ceux de la Maison d'Autriche, peuvent porter indifferemment les noms de ces deux Familles? ils sont à la verité trés-proche parens
& alliez; mais nonobstant cela il ne s'est encore pratiqué rien de semblable, & il ne se
pratiquera même jamais.

A quoi bon aprés cela nous dire, comme
vous faites, qu'il est vray qu'il ne se trouve
pas d'exemple avant ce tems-là chez les Romains, qui fasse voir, qu'une même & seule
personne aye porté les noms de trois Familles
differentes, & un autre pour prénom. Puisque peu aprés vous en rapportez des exemples de *Clodius Pupienus Maximus*, de *M.*

Aurelius Claudius Quintillus, & de *Claudius Domitius Domitianus.* Et vous inferez delà que Conſtantin auroit de même pû en porter tout au moins trois. Mais juſqu'à ce que vous nous produiſiez des Médailles, où Conſtantin ait trois noms de trois Familles differentes, nous aurons le loiſir de prévoir ce qu'on pourra vous répondre.

Encore une fois produiſez-nous une Medaille de Conſtantin avec la Legende qui le qualifie, de FL. VAL. CL. JUL. CON-STANTINUS. AUG. Je dirai alors avec vous qu'il n'y a toûjours eu qu'un ſeul Conſtantin. Mais auſſi s'il eſt vrai, ainſi que vous l'aſſûrez vous-même, qu'il ſe trouve des Médailles avec l'inſcription de FL. CL. CON-STANTINUS AUG. & de FL. JUL. CONSTANTINUS AUG. quoique ni l'Occo augmenté par le Comte Mezzabarba, ni le Tréſor de Patin, ni aucun autre Catalogue, de ceux au moins que j'ai vû, ne cite aucune Médaille avec de pareilles inſcriptions. Ne ſuis-je pas plus que jamais en droit de ſoûtenir la pluralité des Conſtantins, ſi differens entr'eux, bien moins par leurs têtes que par leurs noms de Famille ? Et vous, Monſieur, avez-vous raiſon de les rejetter comme vous faites, en vous ſervant pour cela de moyens trés-pernicieux à ceux qui voudroient doreſnavant s'appliquer à examiner ces monumens.

Car enfin, ſi les principes extraordinaires que vous venez de nous enſeigner, & qui a

ce que vous soûtenez, seront des guides assûrez pour ne pas s'égarer dans cette étude,
si ces principes dis-je, doivent avoir lieu : ne
pourroit-on pas dire qu'en les suivant, rien
ne sera désormais plus inutile que de s'y appliquer, puisque selon vous, tout est si confondu, & si incertain dans les Médailles du
bas Empire, non seulement pour les têtes,
mais aussi pour les revers, que s'est s'amuser
inutilement que d'en vouloir tirer quelque
lumiere, toutes celles qu'on en pourroit es-
perer, étant sujettes à une infinité d'incon-
gruïtez. Ainsi, il n'y aura qu'à suivre aveugle-
ment les prétendus Historiens de ces tems-là,
quelques romanesques que soient les recits, ou
plûtôt les contes qu'ils nous débitent. N'est-
ce pas là du moins ignorer le bon usage que
l'on peut faire des Médailles, & les belles con-
noissances qu'on en peut tirer ?

Aprés avoir décidé résolument sur cet article, vous passez à deux Epigrammes ou Inscriptions ; l'une Grecque, & l'autre Latine,
que vous avez lûës, dites-vous, sur la Base de
l'Obelisque, qui est élevé au milieu de la Place
de l'Hippodrome de Constantinople.

On vous a déja fait toucher au doigt, Monsieur, dans une Lettre qui m'a été adressée
d'Amsterdam, du 28. Janvier dernier, & qui
a été imprimée à mon insçû, que vos yeux
du moins vous avoient trompé : qu'il n'y a
non plus dans l'Epigramme Grecque, ΠΡΟΚΛΩ
ΕΠΕΚΕΚΛΕΤΟ, qu'il n'y a des Têtes de Maxen-

ce & de Licinius sur les Médailles de Constantin : que Monsieur Spon dans son voyage de Grece, que vous citez vous-même, mais que vous n'avez pas osé citer en cet endroit là, assûre qu'il y a lû ΠΡΟΚΛΟC comme le R. P. Hardoüin l'a imprimé : & que tous les Etrangers qui ont dit avoir lû cette Epigramme à Constantinople, l'ont lû ainsi. J'ai vû même d'habiles gens, qui entendent parfaitement le Grec, qui assûrent que l'on ne sçauroit joindre le datif ΠΡΟΚΛΩ, avec le verbe composé ΕΠΕΚΕΚΛΕΤΟ, sans faire un solecisme, & un contresens ridicule. Mais pour moi, tout ce que j'ai à vous dire sur cela, c'est qu'il me semble que l'Auteur du *Sæculum Constantinianum*, a juste raison de ne pas vouloir accorder à ces Epigrammes le rang d'Antiquité que vous leur attribuez. En effet, ces vers tant Grecs que Latins, ne répondent gueres ni à la Majesté de l'Empereur Theodose, ni aux autres Inscriptions Romaines qui nous restent. De sorte que je ne doute pas que ces deux pieces n'ayent été placées sur ce Monument quelques Siécles aprés, quelque chose qu'on puisse dire au contraire.

Vous témoignez ensuite être fort scandalisé du mépris que je fais de *Fl. Vopiscus, de Treb. Pollio, de Jul. Capitolinus*, & des trois autres petits Auteurs qui les accompagnent, en les qualifiant de *Fabulatores*. Vous tâchez de les excuser par le peu d'exactitude des Historiens modernes, ajoûtant que *ce n'est pas au stile de ces prétendus Ecrivains, mais à ce qu'ils ont écrit, qu'il faut faire attention.* Bien plus, *vous prétendez pag. 40. que si ces Auteurs n'avoient jamais écrit, & que si leurs Histoires ne fussent pas venuës jusques à nous, nous ne pourrions pas dire, si ce seroit Jules Cesar qu'il faudroit mettre à la tête des Empereurs, plûtôt que l'Empereur Heraclius. Que par conséquent, il faut avoüer, qu'au moins en cela, nous avons besoin de leur secours, &c.*

Ce n'a été ni le R. P. Hardoüin, ni moi, qui avons douté les premiers de leur bonne foi, & découvert l'imposture de celui qui a pris plaisir de fabriquer ce Roman, sous ces grands & specieux noms de *Jul. Capitolinus, Treb. Pollio* &c. Personne ne les a plus décrié que vous même à la page 37. de vos Observations ; & cela en termes si précis & si outrageans, que non content d'avoir traité Capitolin, comme indigne de la qualité qu'il prend d'Historien, vous faites voir ensuite que rien n'est comparable à son ignorance, puisque lui qui vouloit se mêler d'écrire les vies & les faits des Empereurs, *n'a pû decider entre les Historiens ses Prédecesseurs, si Maximus, & Pupienus étoient deux Empereurs differens, ou si ce n'étoit qu'un seul.* Si cela est vrai, Monsieur, comme il l'est effectivement, ne suis je pas en droit de douter de la verité de tout le reste, ou au moins de la plûpart des faits que cet Historien rapporte, puisque dans les plus essentiels, il fait paroître tant d'ignorance. Car s'il étoit vrai qu'il eût vêcu du tems de Diocletien, comme on l'a crû jusqu'à present, le regne de ce Prince n'ayant suivi celui de Pupien que d'environ cinquante ans, cet Auteur auroit-il pû ignorer les veritables noms d'un Empereur qu'il auroit peut-être pû voir, ou qu'il auroit pû entendre nommer à son pere? Un Ecrivain de ce caractere là merite-t-il créance sur rien, & ne merite-t-il pas plûtôt d'être suspect?

Le sçavant Casaubon qui devroit être ce semble le protecteur de ces Ecrivains puisqu'il a enrichi leurs écrits de ses notes, vous en fera connoître le vrai merite.

Vous aurez veu sans doute dans la Préface qui est à la tête de ces Auteurs de l'impression de Paris, les doutes, les soupçons, & les plaintes de ce sçavant, tant contre leur peu d'exactitude, que contre le peu de vraysemblance qui se trouve dans quantité de faits qu'ils racontent. En voici l'abregé.

Casaubon a d'abord bien de la peine à comprendre que cet Ouvrage puisse être la production de six Auteurs, dont il porte le nom à la tête, eu égard principalement au stile, qui est par tout le même dans ces écrits. Il ne peut non plus se persuader que six personnes differentes, puissent s'énoncer également par tout d'une maniere si semblable & si égale, quand bien ils auroient travaillé de concert, & au même lieu ensemble. C'est ce qu'il marque bien expressément à l'entrée de ses

Notes fol. 4. en ces termes : *Mirum videtur nobis omnes hos Auctores, Imperatorum omnium vitas tempore eodem scribere aggressos & quidem stilo ità parùm dissimili, ut discrimen vix ullum liceat notare, pariter in opere instituto progressos, pariter desiisse.* Il me paroît tout extraordinaire que ces Auteurs ayent en un même-tems formé le dessein de décrire les vies de tous les Empereurs, d'un stile si semblable l'un à l'autre, qu'à peine y peut-on entrevoir la moindre difference ; veu qu'ils commencent, qu'ils continüent, & qu'ils finissent tous de la même maniere. Que n'achevoit-il, & que ne poussoit-il sa conjecture jusqu'où il voyoit bien qu'elle pouvoit aller ? Que ne disoit-il, ce qui suit necessairement de sa reflexion, & ce que le R. P. Hardoüin a dit depuis, que toutes ces six pieces ne sont que l'ouvrage d'un même fourbe, qui pour raison, s'est voulu rendre célebre, en se cachant sous six noms éclatans, & rien davantage. Mais le même Casaubon dans sa Préface comment ne traite-t-il pas ces prétendus six Auteurs ? Vous allez en juger. *Quod autem modò dicebamus Auctores ipsos excusare in hac parte, scilicet, quod tam multa non suo loco posita, aut sine causâ repetita sæpius, non posse, ità prorsus est. Alibi judicium desideres limatius, alibi diligentiam exquisitiorem, in quinque præsertim primis, & maximè in Capitolino.* C'est-à-dire : Mais comme nous le disions presentement, il est vrai, qu'on ne peut excuser ces Auteurs, d'avoir si souvent trans-

posé & repeté la même chose. Tantôt ils man-
quent de jugement, tantôt d'exactitude, sur tout
les cinq premiers, & Capitolin plus qu'aucun des
autres. Et enfin à l'entrée de ses Notes sur
Fl. Vopiscus comment ne s'en explique-t-il
pas? *Tandem,* dit il, *è salebrosis & præruptis*
locis emersimus, sic jure appellaverim plerosque
præcedentium Auctorum Libros. In illorum ple-
risque omnia perturbata, indigesta, confusa,
mera denique mapalia. Nous voilà enfin sortis
de ces endroits si difficiles & si embarassez, dont
les livres des *Auteurs précedens* sont remplis.
Dans la plûpart de ces *Écrivains* tout y est sans
ordre, & mal rangé, tout y est confus, ce ne
sont que de miserablis squeletes.

Voilà, Monsieur, le jugement que porte
ce celebre Commentateur de ces Historiens,
qu'il avoit d'ailleurs tant d'interêt de prô-
ner; mais c'est qu'il n'a pû resister à la verité,
& qu'il en connoissoit à fond mieux que personne le peu de merite. Il donne si peu de
poids aux *Arrêts du Senat,* & à ces lettres
que vous appellez *authentiques qu'ils produi-*
sent comme vous l'assûrez page 13. *pour preu-*
ves des faits qu'ils avancent; que dans la même Préface il témoigne, qu'il voudroit bien
qu'on lui enseignât, où l'on a deterré ces Monumens : *nescio unde ex abdito desumpta.*

Pour moi je suis bien assûré que quiconque
jugera de ces Historiens sans préoccupation,
avoüera que c'est un Roman, mais un Roman
bien inferieur aux autres écrits de cette na-

ture. Car on rencontre du moins dans ceux-ci un certain air de vraisemblance qui plaît & qui impose : au lieu que dans ceux-là presque tout y choque, tout y est contre les apparences même du vraisemblable. Mais en voilà assez sur ce Chapitre.

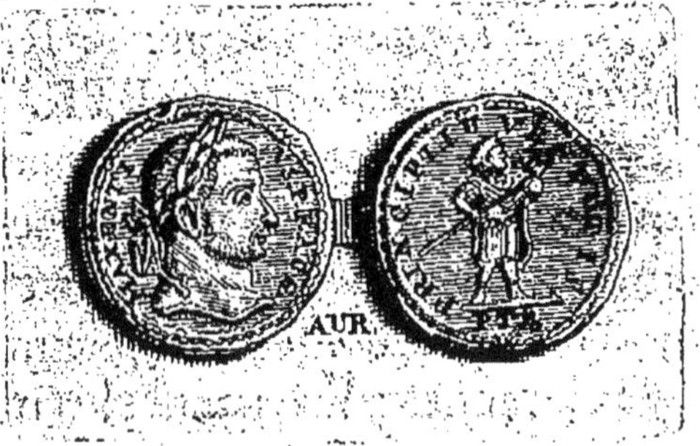

Venons à la Médaille d'Or de Maxence, qui est tirée de mon Cabinet, dont voici l'Ectype, & dont vous combattez l'explication que le R. P. Hardoüin en a donnée. Vous soûtenez d'abord que les Lettres PTR. qu'elle a dans l'Exergue, ne doivent pas selon le sentiment de ce sçavant homme dans son *Saculum Constantinianum*, s'expliquer par *Prima Treverensis.* Vous dites qu'elles doivent signifier chacune tout un autre mot, sans dire cependant quel est ce mot. Vous vous contentez de dire seulement en passant, que *vous aurez peut-être occasion d'en parler ailleurs.* Ensuite vous ne pouvez vous persuader que les Médailles qui portent au bas TR. ayent été frappées à Tréves. Vous prétendez que la plûpart ont été fabriquées en Orient, parce que vous y en avez vû pendant vos voyages par boiſſeaux. Et enfin, le R. P. Hardoüin, ſelon vous, a tort de douter, ſi les Médailles ont été employées dans le commerce comme une monnoye courante.

En attendant que vous nous communiquiez vos découvertes, je ne puis me réſoudre à re-jetter le *Prima Treverenſis* que le R. P. Har-doüin trouve dans ces Lettres PTR. la raiſon qui m'a fait abandonner le ſentiment ordinaire des Antiquaires qui vouloient que ces Lettres ſignifiaſſent *Pecunia Treverenſis*, ou *Percuſſum Treveris*; c'eſt que celui du ſçavant Jeſuite n'eſt pas ſeulement plus naturel, mais auſſi qu'il paroît plus uni, & qu'il a en même-tems plus de rapport avec l'Hiſtoire.

On ſçait que la Gaule Belgique étoit divi-ſée en deux Provinces, dont la premiere avoit pour capitale la celebre Ville de Treves; la 2me. celle de Rheims en Champagne. Ainſi c'eſt avec juſtice qu'on foûtient que les Mé-dailles où on lit dans l'Exergue PTR. ont été frappées *in Primâ Treverenſi dans la premiere Province de la Belgique*, & au contraire, cel-les qui portent le STR. *In ſecundâ Treverenſi, dans la deuxiéme Province de cette même Bel-gique.*

Ce qui vous a donné lieu de rejetter ce ſentiment, c'eſt qu'il ſemble que vous dou-tiez que toutes les Médailles qui portent au bas PTR. STR. & autres Lettres ſemblables ayent pû être frappées à Treves, & qu'effeầivement il y ait eu anciennement dans cette Ville *une Cour de Monoyes.* Vous vous relâchez pourtant un peu sur cet article, parce que dans la Notice de l'Empire d'Occident, il est fait mention d'un *Procurator Monetæ Triberorum :* & où vous dites qu'il se pourroit bien faire que ce *Triberorum* fût là pour *Treverorum.*

Je vais vous en donner d'autres bonnes preuves. Le R. P. Wilthem, sçavant Jesuite, dans son Histoire manuscrite du *Luxembourg Romain* que j'ai, pour nous donner en peu de mots la veritable idée de la grandeur & de la Majesté de cette Ville, qui a été le Siège des Augustes, s'en explique ainsi au chap. 2. de son Liv. 4. *Primus Civitatis Trevirorum splendor sedem præbuisse Imperatoribus. Præcipuè frequentârunt aut adeò etiam incoluerunt multum minusve alii atque alii. Constantius Chlorus, Maximianus Herculius, Constantinus Maximus, Constantius & Constans Filii ejus, Magnentius ac Decentius, Julianus, Valentinianus & Valens Fratres, Gratianus & Valentinianus Junior, Maximus cum Victore Filio, Theodosius, Avitus : & ante hos Postumus, Victorinus Tetrici duo, &c.* La Ville de Treves tire sa principale gloire de ce qu'elle a servi de residence aux Empereurs Romains. Ceux qui l'ont frequenté, ou qui y ont demeuré, les uns plus & les autres moins, sont Constantius Chlorus, Maximien surnommé Herculius, Constantin le Grand, Constantius & Constans ses Fils,

Magnence & Decence, Julien, Valentinien &
Valens son Frere, Gratien & Valentinien le jeu-
ne, Maxime avec son Fils Victor, Theodose,
Avitus : & long-tems auparavant Postume,
Victorin, les deux Tetriques, &c.

Il ajoûte à cet éloge une fort belle inscription, où il est parlé *de la Cour des Monoyes
qui étoit à Treves, & de son Président.*

--- ---M. PROVINCIA. PRÆF. ALE ----
--- ANIE. IN. EADEM. PROVINCIA----
---- VEHICULORUM. PER. GALLIAS-
---- MONETÆ. TRIVERICÆ. PRÆSES
---- INCIÆ. GERMANIÆ. SUPERIO-
RIS. V. P.
---- MULIS. V. C. M. PRÆF. PRÆT.
ET. C. V.
----- URBI. VIXIT. ANNIS. LV. -----
---- SES. N. DIES. N. XXVII----

Et dans le Chapitre qui suit, sçavoir le troisiéme, là où il décrit la relation que fait un
certain voyageur nommé *Galba* au Sophiste
Licinius, des merveilles qu'il avoit vûës à Treves. Voici ce qu'il en dit : *Audi prætereà quod
mirère. Treviris est Civitas Galliæ nobilis*, &c.
& peu aprés : *Vidi etiam in eadem Urbe ingen-
tem è pretioso marmore Jovem, scutellam au-
ream duorum pedum latitudinis tenentem ubi
hoc inerat scriptum :*

JOVI. VINDICI. TREBERORUM.
EX. CENSU. QUINQUE. CIVITATUM.
RHENI. PER. TRIA. DECENNIA.
DENEGATO. SED. FULMINE.
ET CÆLESTI. TERRORE. EXTORTO.
FACTUM. ARTE. MECHANICA.

C'est-à-dire : *Je vais vous raconter une chose qui vous surprendra. Treves est une Ville trés-considerable des Gaules,* &c. & puis : *J'ai vû dans la même Ville une Statuë de Jupiter d'un marbre précieux, & d'une grandeur démesurée, qui tenoit de la main une Coupe d'Or de la largeur de deux pieds, sur laquelle étoit écrit, ce qui suit : Cet Ouvrage est consacré à Jupiter, Vengeur des Habitans de Treves, du tribut que les cinq Villes du Rhin avoient refusé de payer pendant l'espace de trente ans, mais que la foudre & la crainte des Dieux leur a extorqué.*

Vous voyez par là, Monsieur, que c'est un pur scrupule qui vous a empêché de voir, que *Triberi* dans la Notice d'Occident, ne pouvoit signifier que Treves.

Les deux Médailles qui suivent, que j'ai pareillement, ne vous doivent pas moins convaincre, que les lettres PTR. & STR. sont mises pour nous marquer le *Pais de Treves:* car on y lit trés-distinctement STRE. Ces deux Médailles sont de petit bronze, & nous representent Constantin ; mais elles sont d'une netteté achevée : elles ont des deux côtez l'une & l'autre la même inscription.

CONSTANTINUS. AUG. *La Tête*
de Constantin avec un Diadême garni de
Pierreries.

.)(. PROVIDENTIA. AUGG.
Un Camp : à l'Exergue STRE. *trés-*
bien formé.

Quelle raison peut-on avoir, Monsieur,
pour avancer que des Médailles Latines, hors
les Colonies, ont été frapées dans des Villes
& des Provinces, où l'on ne parloit que Grec,
& où le Latin étoit une langue étrangere?

Nous voyons dans le haut Empire une infinité de Médailles frappées en Orient, mais
toutes dans les Villes où l'on parloit Grec.
Mais puisque depuis la seiziéme année de Dio-
clétien, & dans tout le bas Empire, il ne paroît plus de Médailles en caractere Grec, n'y
a-t'il pas lieu de croire que s'il s'en rencontre
de Latines en Orient, elles y ont été transf-
portées d'Occident, où elles ont été fabriquées.

Pour revenir à ma Médaille de Maxence,
qui a au revers PRINCIPI. JUVENTUTIS.
titre que le R. P. Hardoüin attribuë à *Fl. Val.*
Constantin, lors qu'il étoit César : parce qu'il
croît que Maxence, qui n'étoit pas d'une si
illustre extraction que lui, lui vouloit faire
honneur par cette Médaille, quoique ce Constantin ne fût alors que *Colonel general de l'In-*
fanterie sous lui : Vous au contraire, Monsieur, vous prétendez que PRINCEPS.
JUVENTUTIS. ne signifie pas ce que le
R. P.

R. P. Hardoüin enseigne ; quoi qu'il établisse bien l'explication qu'il donne, & que vous n'avanciez rien au contraire, avec aucune preuve solide : Et vous prétendez même sans le prouver encore, que ce titre appartient souvent aux Empereurs, dont on voit le portrait de l'autre côté de la Médaille. Vous n'ignorez pas, je crois, que Monsieur Spanheim dans son Traité *de Usu & Præstantia Numismatum*, page 667. déclare en termes formels ; *que l'usage a insensiblement été introduit que ceux que l'on destinoit à l'Empire, étoient en premier lieu déclarez Princes de la Jeunesse, & ensuite Césars. Illud verò paulatim receptum videas, ut destinati ad Imperium successores, primò Principes Juventutis, dein Cæsares renuntiarentur.* Cela étant, comment se pourroit-il faire que la figure qui est ordinairement représentée sur le revers des Médailles, qui ont pour legende, PRINCEPS. JUVENTUTIS. ou PRINC. JUVENTUTIS. se puissent rapporter aux Empereurs dont les noms se trouvent exprimez de l'autre côté ?

A suivre le sentiment de Mr. Spanheim, quoi que vous en disiez Monsieur, il faut par necessité reconnoître, que dans la Médaille qui suit, tirée de mon Cabinet & dont vous verrez l'ectype plus bas qui a pour inscription :

IMP. C. M. AUR. PROBUS. AUG.
La tête de Probus avec une Couronne radiale.
)(. PRINCIPI. JUVENTUT. *Un*

*Cesar armé en guerre debout, tenant de
la droite un globe terrestre, & de la gauche la pique haute: à l'Exergue PTI.*

Ce *Principi Juventutis* se rapporte à son suc-
cesseur presomptif, de même qu'à celui de
l'Empereur Florien dans une Médaille que j'ay
pareillement de cet Auguste qui au revers a
le même type & la même legende que celle
que je viens de vous citer, & qui ne se rencontre ni dans le Comte Mezzabarba, ni dans
aucun autre Antiquaire.   Je ne vous dirai pas
les noms de ces Cesars ou heritiers presomp-
tifs: Mais cela n'empêche pas, que ce mot ne
se doive prendre au même sens, dans toutes
les Médailles qui ont de pareilles legendes.

Quant à ce que vous contestez au R. P.
Hardoüin, que les Médailles anciennes n'ont
pas été de simples jettons, comme il le prétend; parce que vous croyez que c'étoit effectivement la monnoye courante : avant que
de prendre parti là-dessus, je vous dirai que
vous ne sçauriez disconvenir, que par ce
moyen on a trouvé le secret, & à très-peu
de frais d'éterniser sur les Médailles, principalement sur celles de bronze, la memoire
des Princes, & de ce qui s'est passé de plus
considerable sous leur gouvernement. Mais
encore il est fort probable que les Corps des
Villes, & des Métiers, offroient de tems en
tems aux Empereurs, ou de gré, ou par forme
d'imposition, des bourses de semblables jettons, comme nous voyons que cela se pra-

tiqué encore prefentement , tant en France qu'ailleurs.

Vous me demandez là-deffus , ce qu'eft donc devenu la monnoye des Romains? & moi ne puis-je pas à mon tour fans remonter jufqu'à ces tems fi éloignez, vous demander ce que font devenuës les monnoyes de Loüis XII. d'Henry fecond , & d'Henry quatre , puis qu'il ne s'en voit plus prefque que dans les Cabinets ? c'eft qu'alors comme â prefent, les Princes faifoient rebattre les monnoyes de leurs Predeceffeurs, pour y placer leurs têtes : & voilà ce qui eft caufe qu'il fe trouve fi peu de monnoyes des Empereurs & des Rois, qui fans aller plus loin , ont regné , je ne dis pas depuis mille ou douze cens ans , mais feulement depuis un ou deux Siécles.

Il eft d'ailleurs trés-fûr qu'en ces tems fi reculez , les Monnoyeurs n'ont pas travaillé avec tant d'independance & de liberté que vous leur en attribuez. Je fuis perfuadé au contraire qu'alors comme aujourd'hui , il ne leur étoit pas permis de fe fervir indifferemment ni des têtes, ni des types, qui leur tomboient au hazard les premiers fous la main? Et cela doit être inconteftable fi ces Médailles ont autrefois fervi de monnoye, comme vous le prétendez. Car ne fçait-on pas combien les Princes ont toûjours été jaloux & delicats fur ce chapitre ? Ainfi faut-il convenir que les Monnoyeurs ne faifoient qu'exécuter les ordres qu'ils recevoient fur cela de

ceux qui préſidoient *à la Cour des Monnoyes :*
& que s'il ſe rencontre quelquefois des dé-
rangemens dans les Legendes, ils ne ſont pas
à beaucoup prez ſi frequens ni ſi groſſiers,
que vous vous le figurez. C'eſt ce que nous
allons voir encore plus particulierement à l'oc-
caſion des Médailles de Tetricus.

Je croyois, Monſieur, avoir fait une decouverte aſſez conſiderable (& elle l'eſt en effet) dans quelques Médailles de Tetricus le
Pere, que j'ai communiqué par mes lettres au
R. P. Hardoüin, qui les a expliqué de la maniere qui ſuit :

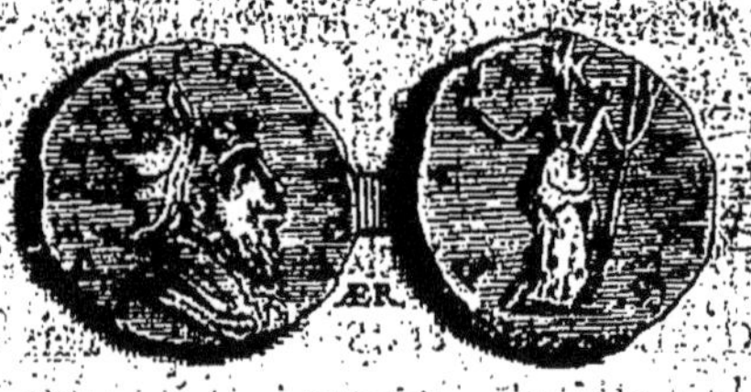

CÆ. TETRICUS. ARPCA.
Cæſar Tetricus alter Reipublicæ conſtituen-
dæ Auguſtus.

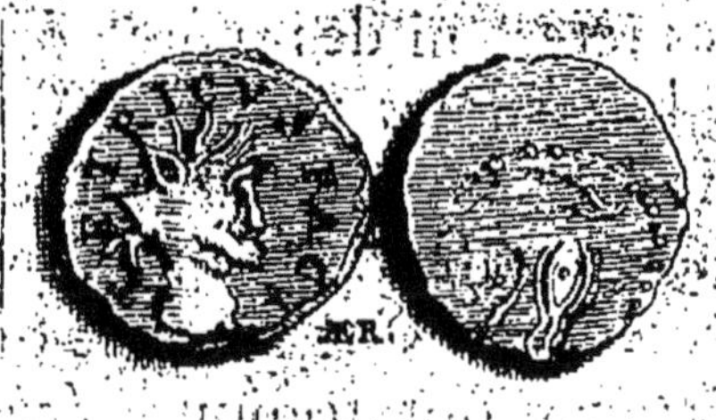

TETRICUS. PACI.
Tetricus, pulſis Aquitanis creatus Imperator.

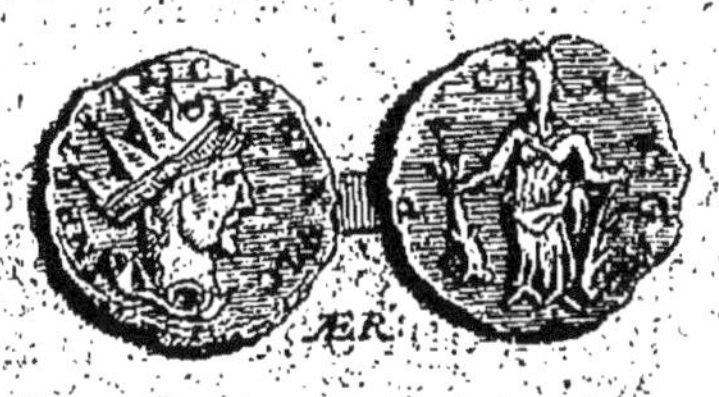

IMP. C. TETRICUS. RDNVIC.

Imp. C. Tetricus Romanæ Ditioni Narbonæ vindicatæ, Imperii Conservator.

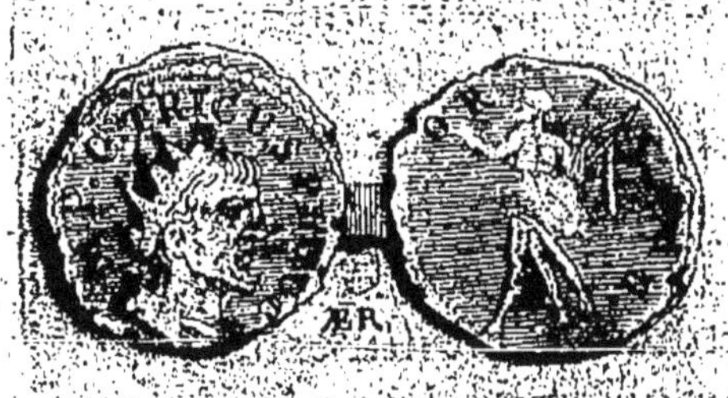

IMP. C. TRICUS. PLIIVC.

Imp. C. Tetricus præsidiariâ legione Illiberi impositâ Urbis Conservator.

Les explications heureuses que ce sçavant Homme a sçû donner à ces inscriptions, pour éclaircir l'Histoire de ce Prince, avoit de beaucoup augmenté ma joye. Mais par malheur pour elles, je ne sçai quel vieux vase que vous dites avoir été déterré depuis peu aux environs de Bayeux, vous est tombé entre les mains. Vous avez fait consister presque la moitié de vos Observations à nous décrire un trés-grand nombre de Médailles frustes & usées ; comme si les Médailles que je viens de citer, devoient

être aussi dignes de mépris que les vôtres. Mais
je vous puis assûrer que jamais rien n'a paru ni
si long, ni si ennuyeux que cette description.

En effet, pourquoi employer depuis la page
43. jusques à la 82. ce grand nombre de Médailles de Tetricus, qui ont été trouvées dans
ce vase, puisqu'elles sont toutes si barbares &
si irregulieres, que vous avez été obligé d'in-
venter une méthode fort nouvelle pour les expliquer : Cinq ou six ne suffisoient-elles pas,
si vous n'aviez autre chose à nous dire, que
ce que vous avez dit tout d'abord à la page
47. que je suis bien simple de chercher tant
de finesse dans mes Tetriques ; puisque, par
exemple, pour expliquer ces Lettres C Æ.
TETRICUS. ARPCA. il n'y a qu'à dire
que le premier A est superflu, que la Lettre
R. est pour un P. le P. ensuite est pour un F.
qu'après cela, CA. est transposé pour AC. &
AC. est au lieu de AUG. & qu'ainsi il est vi-
sible que ARPCA est mis pour P. F. AUG.
Car n'est-ce pas là, Monsieur, l'abregé de ce
qui remplit dans vôtre livre prés de quarante
pages ? Qu'étoit-il donc besoin pour cela de
faire l'anatomie de je ne sçai combien de Médailles Gothiques & ridicules, que tous les
Antiquaires mettent dans les rebuts ?

Il est bien vrai que les Médailles Gothiques
des Empereurs de ce tems-là, étoient fort
barbares ; c'est ce qui fait que tous les Sçavans
les méprisent. Mais toutes les Médailles des
Empereurs de ce tems-là n'étoient pas Gothi-

ques. Car sans parler d'un trés-bon nombre
de Tetriques de petit bronze que j'ai qui sont
fort bien gravez, j'ai une Médaille trés-rare
& trés curieuse d'argent de ce Prince, & un
Victorin de petit bronze, dont les reliefs &
la beauté ne cedent en rien à ce qui se voit de
plus parfait dans le haut Empire, même en
or. Je les ai fait graver l'une & l'autre, afin
que vous en jugiez; & du peu de cas qu'on
doit faire de ce que l'Histoire nous rapporte
de Tetricus le Fils, qui y est representé avec
le pere, & qualifié de même que lui, Empereur & Auguste, comme vous voyez.

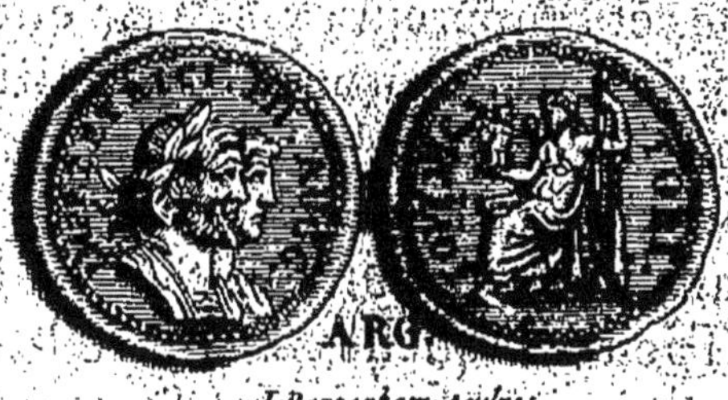

I. Berterham sculps.

IMPP. TETRICI. PII. AUGG. *Les
têtes des deux Tetriques Pere & Fils, en porfil,
celle du Pere étant couronnée de laurier.*

.)(. **JOVI. VICTORI.** *Jupiter affis
tient de la droite une Victoire, & une haste de
la gauche.*

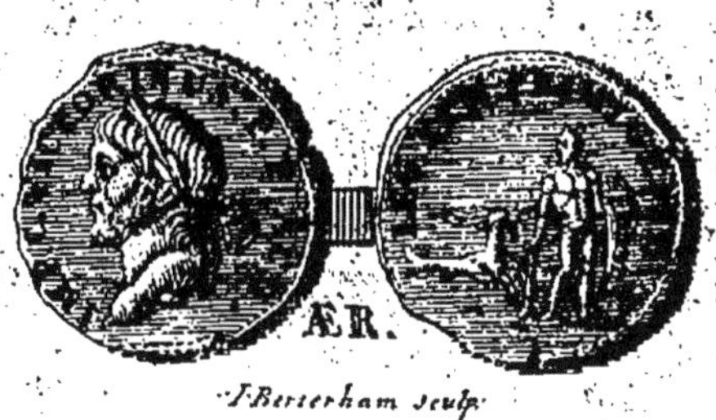

I. Berterham sculp.

Celle de Victorin a la legende singuliere qui
suit :

IMP. C. VICTORINUS. P. F. AUG.
& non pas PP. AUG. *comme la graveure le*
marque. La tête de Victorin couronnée de laurier.

)(. LEG. XXII. PRIMIGENIE. P. F.
Hercule debout, appuyé de la main droite
sur sa Massuë, tenant de la gauche un
arc avec les dépoüilles d'un Lion, ayant
au devant de lui un Capricorne.

On voit des Médailles sous les Princes même qui ont succedé à Tetricus, lesquelles sont
aussi Gothiques & aussi barbares, que quel-
ques-unes de cet Empereur ; parce qu'elles ont
été frappées dans un canton de l'Empire Romain, où l'art de frapper les Médailles n'étoit
pas assûrément dans la perfection. J'ai, par
exemple, dans mon Cabinet une Médaille de
l'Empereur Tacite, laquelle est de petit bronze,
avec cette inscription fort nette & trés-bien
formée :

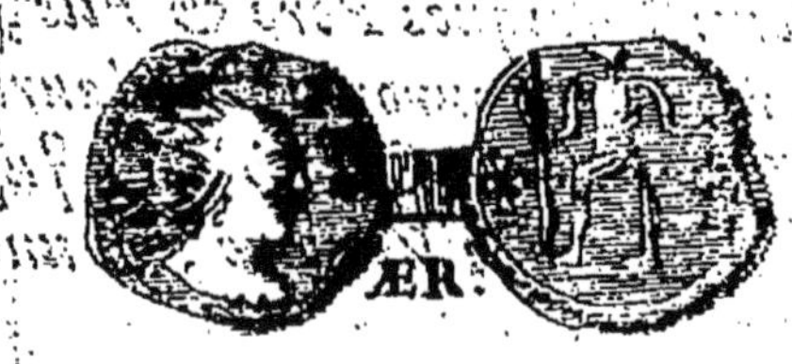

IM. TACITUS. *La tête de ce Prince avec*
une couronne radiale.

.)(. ✠. III. *La figure d'une femme te-*
nant une pique de la main droite.

Il est vrai que si je voulois suivre vos regles,

Monsieur, je devrois faire un Tetrique de ce Tacite ci. Il n'y auroit qu'à transporter le second T en la place du C, & ce C en la place du T. ce qui feroit TATICUS. l'A feroit enfuite mis pour un E, & la lettre R auroit été omife aprés le deuxiéme T, où il la faudroit mettre : de forte que fans beaucoup de peine, comme vous voyez, on feroit de TACITUS un TETRICUS des mieux conditionnez. Mais je vous avouë, Monfieur, que j'ai peine à être là-deffus docile, & à profiter de vos leçons.

Quand je dis, Monfieur, qu'il fe trouve fur les Médailles de Tetricus & des autres Princes de ce tems-là, des caracteres Gothiques, je n'entens point parler de ce qu'on appelle caracteres Gothiques dans les Manufcrits : car ces caracteres font tout differens ; comme je l'ai remarqué plufieurs fois dans les Manufcrits de la celebre Abbaye d'Echternach, qui en a quantité, qui font de mille ans & plus. Mais ceux qui font fur les Médailles de ce tems là, font de quelque Province voifine de l'Efpagne, ou de la frontiere d'Efpagne même, où Tetricus & fes Succeffeurs avoient les commandemens des Armées & de la Province.

Les Efpagnols ne font-ils pas encore aujourd'hui, pour ainfi dire, en poffeffion de fabriquer fort mal la monnoye ? De tout tems leur monoye & leurs Médailles ont été fort groffieres.

J'ai un Domitien d'argent dans mon Cabinet, dont les lettres tant du côté de la tête que du revers, sont de cette espece de Gothique dont je vous parle.

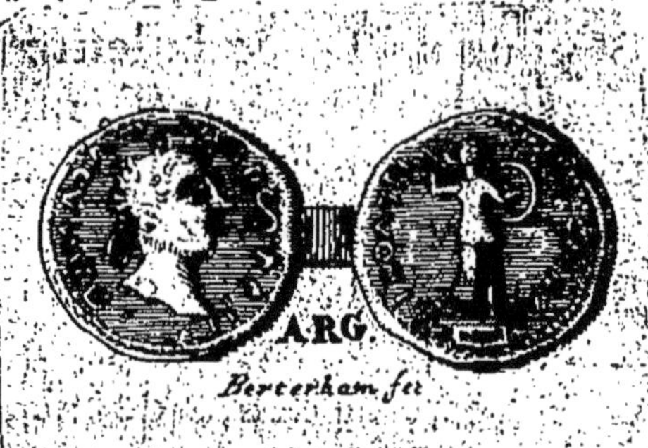

ΟΙΧΛΔΛ⌐ϽΛΚ6ΑϚΙΙ

+ ϾΟΛΤΡΙΙΤΛΛ

La tête de Domitien entourée d'un diademe à la maniere des Rois Grecs & Barbares. Dans le champ vis-à-vis de la tête il y a un grand **S** trés-bien formé.

.)(. Une Pallas tête nuë tenant de la droite un javelot, & un bouclier de la gauche avec une barque sous ses pieds.

J'ai encore une petite Cornaline gravée, qui represente la tête de Tetricus le jeune, avec cinq lettres toutes semblables à celles-ci. Et il se pourroit faire, que ce seroit le même caractere sur tous vos Tetriques, dont vous avez tâché en dépit de l'ouvrier de faire du caractere Latin.

Pour ce qui est de la Médaille qui marque

la confecration de Tetricus, je vous puis af-
fûrer qu'il n'y a point PI--- TRICUS, comme vous le foubçonnez, mais trés-diftincte-
ment DI--- TRICUS, c'eft à dire *Divus Tetricus.*, Voici l'infcription de cette Médaille
toute entiere.

IMP. C. TETRICUS. P----- *la tête rayon-
née de cet Augufte.*

.)(. DI----- TRICUS. *Les marques
& inftrumens du Pontificat.*

Ces inftrumens qui ne conviennent pas à l'Empereur Tetricus le Pere, nous font affez connoître, ce me femble, que celui qui eft con-
facré, & qui eft appellé D I V U S. T E T R I-
CU S. Sur cette Médaille, eft Tetricus le fils.
Ce qui confirme l'explication de cette legende, dans une Médaille du même Prince, TE-
TRICUS. ICAP. avec un bucher : que le
R. P. Hardoüin a heureufement expliqué par
ces mots : *Inter Cælites ante Patrem.* Mais
quoi qu'il en foit, ce n'eft point la tête de
Claude qui eft fur cette Medaille, comme
vous le pretendez fans preuve : c'eft conftam-
ment celle de Tetrique.

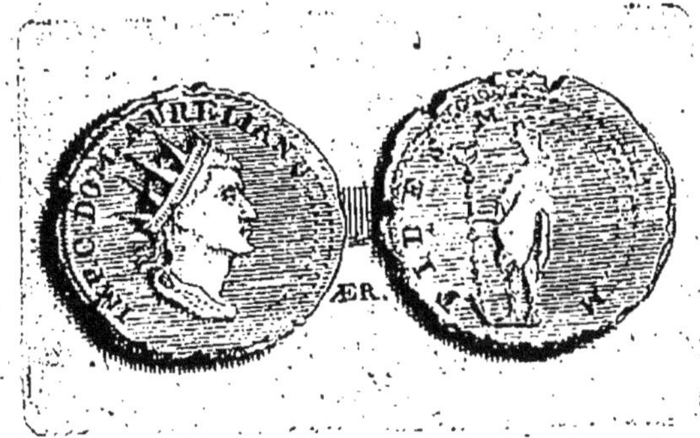

J'avois proposé aux Antiquaires une Médaille tirée de mon Cabinet, & qui porte le nom d'Aurelien: mais d'un Aurelien tout autre que celui qui nous est connu par l'Histoire. La differance de visage & d'âge est si sensible, qu'à confronter cette Médaille, avec les Médailles ordinaires d'Aurelien, il n'est pas possible de disconvenir, que celui que ma Médaille represente, est un autre Aurelien.

Pour combattre ce sentiment. Vous produisez page 84. & 85. quatre Médailles d'Aurelien, qui, selon vous, ont beaucoup de rapport avec celle qui se trouve gravée dans les lettres du R. P. Hardoüin & les miennes. Vous ajoûtez ensuite, *que ces quatre Médailles sont si éloignées de la ressemblance, des têtes que l'on voit sur tant d'autres Médailles d'Aurelien, que celle de la premiere & de la quatriéme, ressemblent parfaitement à la tête de Claudius Gothicus &c.* pour fortifier ce sentiment vous citez une autre Médaille de Tetricus, *que l'on doit reconnoître pour tel par son nom qui y est marqué,* dités-vous, *quoi que la tête ne soit pas de Tetricus, mais de Victorin.* Bien plus. Vous nous expliquez de quelle maniere ces transpositions de têtes ont pû se faire, sur tout à l'égard d'Aurelien, en ajoûtant peu aprés; *que la nouvelle de son élévation à l'Empire étant arrivée avant son portrait, les Monnoyeurs pour marquer leur diligence à le faire reconnoître par ses monnoyes, prirent les poinçons de la tête de Claudius Go-*

thicus, & mirent le nom d'Aurelien à l'entour.

A qui esperez-vous persuader, Monsieur, que les Monnoyeurs se pressassent davantage en ces tems-là pour representer les Princes sur les monnoyes qu'on le fait aujourd'hui? & ces Empereurs qui selon l'Histoire faisoient perir leurs Predecesseurs, dont ensuite ils cherchoient par toute sorte de moyens d'abolir la memoire, en détruisant tous les monumens publics qui leur étoient consacrez, entre lesquels la monnoye a toûjours eu le premier rang, comment dis-je ces Empereurs auroient-ils permis, que l'on fit revivre, pour ainsi dire, sur leurs Médailles leurs ennemis? comment auroient-ils permis qu'on mît leurs noms autour des têtes de ceux dont la memoire étoit souvent declarée infame par des Arrêts publics du Senat? Et néanmoins si l'on vous en croit cela s'est pratiqué fort ordinairement. Vous avez beau dire, Monsieur, on n'aprouvera jamais une opinion si bizarre. Je suis au contraire trés-persuadé, que si un autre que vous s'étoit hazardé de la publier, vous auriez été le premier à la censurer, comme l'imagination, la moins soûtenable, & la plus ridicule.

J'attribuerois plûtôt la difference de visages, qui se trouve sur les Médailles d'un même Prince, à la differente idée des Monnoyeurs. J'ai par exemple dans mon Cabinet des Médailles de Probus, où ce Prince a tout different air de visage que dans les autres, comme cela se void dans les Ectypes ci-joints.

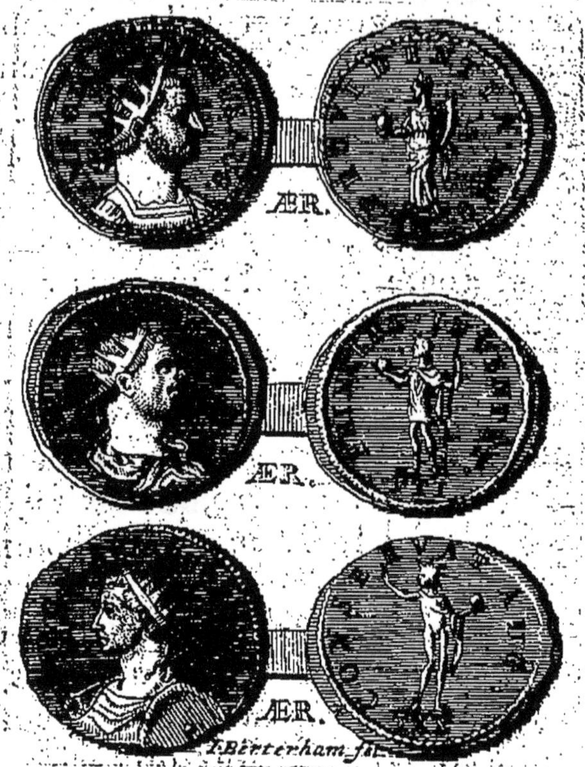

Mais c'est toûjours le même âge par tout. Au
lieu que ce second Aurelien, que j'ai, est un
jeune homme de vingt cinq à trente ans, tan-
dis que l'autre paroît en avoir soixante. Ainsi
je ne multiplierai pas les Probus, comme je
crois qu'il faut reconnoître deux Aureliens,
quoi que le mien n'ait pas le mot de JUNIOR:
parce que l'usage de mettre ce mot, lorsque
deux Princes de même nom vivoient en même-tems, cet usage dis-je, ne s'est introduit
sur les Médailles, qu'apres le tems de Diocletien.

Que ne disiez-vous, Monsieur, pour dé-

truire mon second Aurelien, ce que vous avés
si joliment imaginé, pour decrediter les six
Constantins? Que ne disiez-vous, que Vaba-
lathus vivant de bonne intelligence avec Aurelien, les Monnoyeurs pour marquer leur
union, auroient placé la tête du premier sur
les Médailles du second?

Vous avez peu-être préveu qu'on ne vous
en croiroit pas; parce que vous avez ajoûté
vous-même, qu'il ne se trouvoit point d'exemple de cette confusion de têtes devant le Siécle de Constantin.

Vous établissez au reste une loi bien rigide,
lorsque quand on vous montre une Médaille
unique & singuliere de quelque Prince, qui
n'ait pas encore paru, *vous voudriez*, dites-
vous à la page 95. *qu'on vous en montrât encore
une autre semblable de chacune, mais bien
marquée & bien nette, precisément avec les
mêmes inscriptions, sans aucune variation, tant
du côté de la tête, que du revers.*

Si ce principe tel que vous venez de le poser
devoit être observé à la rigueur dans l'étude
des Antiques ne pourrois-je pas à mon tour
donner avec justice l'exclusion au *Constans.
Jun. Nob. C.* que vous avez dans vôtre Cabinet, parce que je n'en ai point veu ailleurs,
& que ni l'Histoire, ni l'Occo augmenté, ni
aucun Antiquaire n'en ont fait jusqu'ici la
moindre mention? Au reste, Monsieur, vous
pourez mettre cette Médaille dans vôtre *Se-
lecta*, que vous promettiez, & que nous at-

tendons : & vous pouvez apprendre du R. P.
Hardoüin, à la page 194. de son *Sæculum Con-*
stantinianum, qui est ce *Constans junior*.

Mais il faut que je vous aprenne à mon
tour, que j'ai pareillement deterré depuis peu
une Médaille entre les miennes, que vous allez voir, qui ne pourra manquer d'être regar-
dée de bon œil par les connoisseurs, elle est
de petit bronze avec cette inscription :

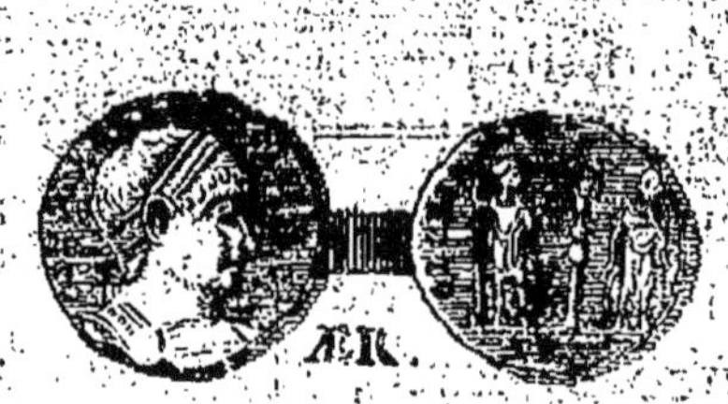

CONSTANTIUS. IV. N. C. *La tête de*
ce Cesar avec un diademe garni de pierreries.
.)(. GLORIA. EXercitus. *à l'exergue* T--
un signe militaire au milieu de deux sol-
dats.

Vous pourrez voir encore dans le même
Siécle de Constantin à la page 196. par la con-
frontation des revers, que ce *Constantius ju-*
nior, est celui qui dans ses autres Médailles
porte le nom de FL. VAL. CONSTANTIUS.
NOB. CÆS. Du moins c'est ma pensée : & je
crois que quand le R. P. Hardoüin l'aura veüe :
il ne me desavoüera pas.

Dans son *Sæculum Constantinianum*, il en
rapporte plusieurs de *Constantius Junior*, qu'il
attribuë toutes à *Constantius* surnommé *Gal-*
lus,

lus, mais pour marque de diftinction il pofe
en fait, que celles de *Gallus* ont toûjours la
tête decouverte, & il dit vrai.   J'en ai moi-
même une d'or trés-belle & trés-bien confer-
vée de ce Cefar, dont voici l'Ectype, avec
cette infcription:

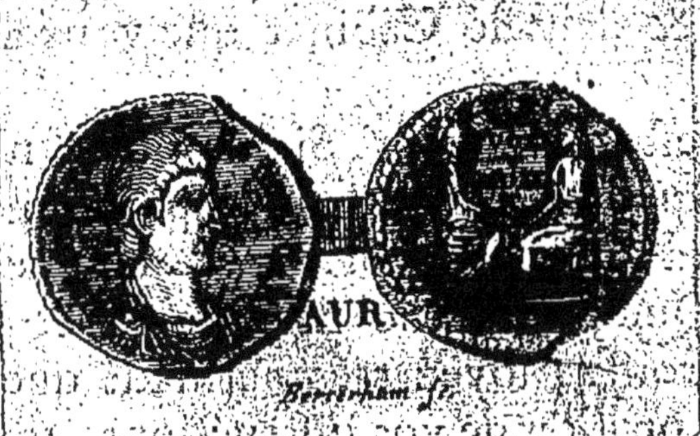

D. N. CONSTANTIUS. NOB. CÆS.
la tête decouverte

.)(. GLORIA. REIPUBLICÆ. *Deux fi-
gures de femmes affifes foutiennent un
bouclier au milieu duquel fe lit* VOT. V.
MULT. X. *à l'Exergue* SMLUG.

J'en ai quelques autres de bronze, dont les
têtes reffemblent entierement à celle-ci, &
qui font pareillement découvertes, mais la difference qu'il y a, c'eft qu'outre le D. N. *Do-
minus nofter*, il y a, FL. CL. *Flavius Claudius*,
parce qu'il eft d'une autre famille : & au revers on lit FEL. TEMP. RENOVATIO.

Ainfi, Monfieur, quoique vous n'ayez point
vû le *Conftans Maximus*, & d'autres Médailes
fingulieres, il fuffit qu'un Homme d'un mérite, d'une érudition, & d'une exactitude auffi
reconnuë en ce genre, que l'eft celle du R. P.

D

Hardoüin les ait reconnuës, pour ce qu'elles font, pour qu'on puiſſe ſans rien riſquer, compter là-deſſus. D'ailleurs il vous eſt aiſé d'aller conſulter les Cabinets d'où il a tiré ces Médailles : car il a ſoin de les marquer fort exactement. Elles ne ſont qu'à Paris & à Verſailles, & dans le Cabinet que vous avez en main.

Au reſte, Monſieur, Si mon ſtile n'eſt pas ſi poli que le vôtre, il faut le pardonner à un homme à qui le François eſt une langue étrangere. Quelque franc néanmoins & ſincere qu'il paroiſſe, ſoyez trés-perſuadé que je ſuis prêt de profiter de vos inſtructions, toutes les fois que vous voudrez bien m'en honorer. La ſeule grace que j'ai à vous demander à cet égard, c'eſt de vouloir vous ſouvenir toûjours d'un mot qu'a dit trés à propos ſur un ſujet pareil, l'Auteur du *Luxembourg Romain*, dont je vous ai parlé. Ce ſçavant Homme s'adreſſant dans ſa Préface à ceux qui voudroient critiquer ſon Ouvrage, leur donne, l'avis ſalutaire que vous allez voir.

Cæterum ſi qua opinatus ſum, ſi qua conjeci, ſi qua divinavi, tu pro opinationibus, pro conjecturis, pro divinationibus accipito. Si qua verò aſſeveravi, ſi qua affirmavi, ſi qua pro certis atque indubitatis ſcripſi : tu aut credito, aut ſi abnuis, falli me oſtendito, aut meliora dicito. Au reſte, dit-il, *ſi dans cet Ouvrage, j'avance des opinions & des conjectures, & ſi quelquefois je devine, prenez tout cela comme je le* donne. Mais si j'ai avancé des faits comme certains & incontestables, il vous est libre d'y ajoûter foi; ou si vous ne les croyez pas tels, faites voir que je me suis mépris, ou aprenez-nous quelque chose de mieux.

Lorsque vous en userez de la sorte, Monsieur, & que pour combattre mes sentimens, vous employerez des moyens plus efficaces & plus solides que ceux de vos Observations, vous pouvez compter que j'abandonnerai sans peine mes opinions, que j'embrasserai les vôtres avec plaisir, & que je me ferai gloire de publier les obligations que je vous en aurai, soyez-en je vous suplie trés-persuadé. Je suis avec toute l'estime possible,

MONSIEUR,

Vôtre trés-humble & trés-obéïssant serviteur,
DE BALLONFFEAUX.

A Echternach le 3.
Mars 1702.

Il y a environ cinq semaines qu'un de mes amis m'a écrit d'Amsterdam, ce qu'on y pense de vos Observations. Je vais vous décrire ici sa Lettre fort fidellement, & mot pour mot sans y rien ajoûter.

52

*Lettre écrite d'Amsterdam, le 28. Janvier 1702.
à Monsieur de Ballonsseaux, Baillif d'Echternach prés de Luxembourg.*

MOnsieur. Nous avons vû ici dans le second
Journal de Paris, du 9. de ce mois, un Pa-
rallele du Pere Hardoüin Jesuite, & du Sieur Galland, qui nous a surpris, & où vous avez quelque
part. J'ai cru devoir vous en donner avis ; parce
que ce Journal ne va peut-être pas jusqu'à Luxembourg. Nous avons eu la curiosité de confronter
les lettres de ce Pere, & les vôtres, avec les Réflexions du Sieur Galland, qui ont donné occasion
à cet endroit du Journal. Car vos lettres, Monsieur, se trouvent ici : & le Sieur Galland a eu soin
d'envoyer des exemplaires de son écrit à M. Cuper,
qui nous l'a prêté. Les explications du Pere Hardoüin sur vos médailles, & principalement sur celles de Tetricus sont trés-bien fondées : & il ne se
peut rien dire de plus pitoyable, que ce qu'a imaginé le Sieur Galland pour les refuter. Tous les
Sçavans en conviennent ici : & je veux bien vous
en écrire leur sentiment ; afin que vous soyez persuadé, qu'il y a ici, aussi bien qu'ailleurs, des
gens qui se rendent à la verité.

La premiere médaille, par-exemple, qui est rap-
portée dans cet endroit du Journal de Paris, qui
a pour inscription, CÆS. TETRICUS ARP-
CA. Et au revers, PAX AUGG. le Pere Hardoüin l'explique ainsi : *Cæsar Tetricus alter Reipublicæ constituendæ* ou *conservandæ Augustus. Pax
Augustorum.* Il appuye cette explication sur une
autre médaille, qui a d'un côté la tête de l'Empereur Claude, surnommé le Gothique, avec l'inscription, IMP. CLAUDIUS AUG. & au re-

vers la tête de cet autre Prince, nommé Tetricus, avec la legende, TETRICUS AUG. Cela marque visiblement deux Princes, qui vivoient en même tems en parfaite intelligence. Ainsi ces lettres, ARPCA sont trés-heureusement expliquées par ces mots, *Alter Reipublicæ conservandæ Augustus.* D'autant plus que cela n'est point sans exemple : car ces trois lettres RPC sur les médailles des fameux Triumvirs, Antoine, Cesar, & Lepide, signifient *Reipublicæ constituendæ*, de l'aveu de tout le monde. Les autres médailles qui sont rapportées dans ce Journal, & qui sont tirées comme celle-là de vôtre cabinet, ont leur explication aussi-bien établie par le Pere Hardoüin, que celle-ci, qui est la premiere.

Le Sieur Galland répond à cela, (c'est à la page 47. de son bel ouvrage,) qu'il n'y faut pas chercher tant de finesse : que dans cet ARPCA l'A est *surnumeraire*, & qu'il le faut retrancher : que la lettre R est pour un P : le P ensuite est pour une F : le CA sont aprés cela deux lettres transposées, pour AC. Encore le C est-il pour un G : & il y faut inserer un V. Alors cela fait justement, CAES. TETRICUS. P. F. Ainsi dans la seconde TETRICUS PACI. dans la troisiéme, qui a IMP. C. TETRICUS RDNVIC. & dans toutes les autres semblables, il faut à force de changement, d'addition, de retranchement, ou de transposition de lettres, se bien persuader, qu'on n'a jamais voulu marquer autre chose sur ces médailles, sinon P. F. AUG. Que les ouvriers n'avoient pas l'esprit en ce tems-là de bien former ces cinq lettres P. F. AUG. dans les médailles les plus nettes, quoi qu'il sçeussent bien figurer, & ranger le mieux du monde toutes les autres lettres de la legende : & qu'enfin il faut juger des médailles de Tetricus, de la meilleure fabrique, telles que sont les vôtres dont il s'agit ici, & quelques autres que cite le Sieur

54

Galland lui-même ; qu'il en faut juger, dis-je, comme de celles qui sont de fabrique Gothique, qui ne font bonnes, pour me servir de son expression, qu'à jetter dans *les rebuts*. Car ce font celles-là, dont il se vante d'avoir plus de quatre cent, & sur lesquelles il veut qu'on juge des meilleures. Est-ce donc pour dire & pour écrire de semblables pauvretez, qu'on se qualifie Antiquaire? Cela est-il digne d'un Eléve de l'Academie des Inscriptions ? Celui qui a fait dans le Journal l'extrait decet Ecrit, a bien vû que cela étoit pitoyable. Mais s'il eût rapporté mot pour mot cette belle invention du Sieur Galland, celui-ci eût paru fort ridicule, & le Jesuite eût eu visiblement l'avantage. Mais ce n'étoit pas apparemment l'intention du Journaliste : car pour détourner cette idée qu'on auroit euë de lexplication du Sieur Galland, il l'a supprimée. Cela est-il de bonne foi ? Il se contente de dire, & peut-être par raillerie, que *M. Galland ne paroît pas à beaucoup près si ingenieux que le Pere Hardoüin, dans l'explication qu'il donne des legendes de ces médailles. Que tout le secret, qu'il y trouve, c'est quelque transposition ou quelque corruption de lettres. Qu'il en apporte des exemples, & donne des préceptes pour cela, qu'il faut voir dans son Ecrit.* Ces exemples, comme je vous ai dit, font tirés des médailles, que le Sieur Galland lui-même appelle des médailles *de rebut*. Et ces regles font, comme je vous l'ai aussi insinué, qu'à force de retrancher, d'ajoûter, de changer, ou de transposer dans les médailles mêmes les mieux fabriquées, il faut croire qu'on n'y a jamais voulu mettre autre chose, que P. F. AUG. Cela est assez hardiment décidé. Mais ceux qui ont quelque connoissance des médailles, en conviendront-ils ? Seront-ils de l'avis de celui qui a fait cet Article du Journal de Paris ? Je puis bien garantir que non : car un trés-grand nombre de médailles fait foi du contraire.

L'autre Article des Réflexions du Sieur Galland

dont le Journal a fait l'Extrait, roule sur les six Constantins, que le P. Hardoüin a trouvez par les médailles. Le Journaliste admire le dénouëment que le Sieur Galland a imaginé, pour réfuter ce systême : qui est que, lors que les Princes *n'étoient point en guerre les uns contre les autres, les Monetaires, ou d'eux-mêmes, ou par l'ordre de ces Princes, marquoient la monnoie de l'image d'un de ces Princes, avec le nom d'un autre.* Voilà selon *M. Galland tout le mystere.* Mais voilà aussi la plus jolie vision, qui puisse tomber dans l'esprit d'un homme : & le Journaliste paroît être homme de bon goût sans doute, lors qu'il dit qu'il est difficile *qu'elle ne fasse pas d'impression sur beaucoup d'esprits.* Le Sieur Galland lui-même avoue pourtant qu'il n'y en a point d'exemple devant les Constantins : mais c'est qu'il vaut mieux imaginer cela, dit-il *quelque peu vraisemblable* qu'il paroisse (ainsi qu'il le dit lui-même) que de reconnoître par les médailles plus de Constantins qu'il n'y en a dans l'Histoire. Il faut que le Sieur Galland ait encore employé ici ses médailles *de rebut,* sur lesquelles un ouvrier peu habille ait si mal représenté son Prince, que le Sieur Galland y ait crû voir des Maxences, des Licinies, ou des Maximins, avec le nom de Constantin. Mais de dire pour cela que le dessein du Monnoieur, ou que l'intention du Prince même ait jamais été de mettre avec la tête d'un Empereur le nom d'un autre Empereur, cela est sans doute assez plaisamment imaginé. C'est comme si l'on disoit, qu'aprés la paix de Ryswick entre Sa Majesté Trés-Chrétienne & le feu Roi d'Espagne, le Roi, ou les Officiers de sa Monnoie à Paris, se seroient avisez de faire frapper des médailles, où fût la tête du feu Roi d'Espagne, & où l'on vît écrit autour de la tête, LUDOVICUS MAGNUS REX CHRISTIA-NISS. Cela tomberoit-il même dans l'imagination d'un faiseur de jettons?

D'avancer ensuite, comme fait l'Auteur de cet endroit du Journal, que le Pere Hardoüin n'appuie son sentiment, que sur la difference de visage, qui se trouve sur les médailles qui portent le nom de Constantin, c'est une fausseté insigne. J'ai lû son livre fort exactement, lors que j'étois à Paris : cela n'y est point. On le va bien-tôt imprimer ici, à ce que j'apprens : le public en sera juge en Hollande, aussi bien qu'en France. Ni le Sieur Galland, ni son Panegyriste, n'ont point entendu le Latin du Jesuite. Le Pere Hardoüin se tromperoit bien, si sur la seule difference du visage il eût établi plusieurs Constantins. Ce seroit comme si quelqu'un s'avisoit dans quelques siécles de dire, que durant l'espace de soixante ans de regne que compte déja le Roi Trés-Chrétien, il a découvert dans les médailles de ce tems-là, par la diversité des traits du visage, dix ou douze Loüis XIV. Mais les médailles des Constantins sont encore bien plus differentes, que ne le sont celles du Roi, par cet endroit là. Et si la seule difference de l'air du visage, qui dépend de l'habileté ou du peu d'adresse des ouvriers, suffisoit pour multiplier les Constantins, le Pere Hardoüin auroit pû peut-être nous en donner plus de trente.

Mais voici, si je m'en souviens bien, ce qui a fait remarquer plus d'un Constantin à ce Pere. Premierement c'est la difference des noms, qui marquent autant de differentes familles : puisque les Flaves Jules, les Flaves Claudes, & les Flaves Valéres ou Maximes (qui sont les noms des differens Constantins) nous marquent autant de Familles differentes, que le sont en France celles des Bourbons-Condés, des Bourbons-Contis, & des Bourbons-Montpensiers : car c'est l'exemple qu'il apporte : & que le nom de Constantin, joint avec ces differens noms, ne marque pas moins plusieurs Constantins, que le nom de Henri & celui de Loüis, joint avec celui de ces differentes familles nous marque plusieurs Loüis ou plusieurs Henris.

En second lieu, c'est qu'un Constantin, qui n'a
que le titre de César sur les médailles, où il est dé-
peint assez vieux, barbu, & âgé de prés de soixante ans, n'est pas celui qui porte le titre d'Auguste
sur les médailles, où il ne paroit en avoir que vingt.
En troisiéme lieu, c'est qu'un Constantin, qui est
encore Païen à cinquante ans, comme les inscriptions de ses médailles en font foi, n'est pas le même que celui qui porte sur les siennes les marques
du Christianisme dés l'âge de vingt-cinq ans. Le
Jesuite apporte bien d'autres preuves encore pour
appuyer sa découverte: mais celles-ci suffisent pour
apprendre au Journaliste, qu'il s'est laissé tromper
par le Sieur Galland, quand il a dit aprés lui, *que
le Pere Hardoüin n'a presque point d'autre raison de
multiplier le même Empereur que la difference des
têtes, qu'il a remarquées sur les médailles avec la même legende des Constantins.* Il devoit se défier du
Sieur Galland qui pour contredire l'explication que
donne le Jesuite d'une Epigramme, qu'on a cru
avoir été faite à l'honneur de l'Empereur Theodose, a eu la hardiesse d'assurer dans cet Ecrit même,
qu'il avoit lû cette Epigramme à Constantinople
autrement que le Pere Hardoüin ne l'a imprimée.
Ce qui est trés-faux. Car Mr. Spon, dans son voyage de Grece, avec tout ce que nous avons ici de
Hollandois, d'Anglois, & d'Allemans, qui ont été
à Constantinople, & qui ont copié cette inscription
le démentent. Outre que quand le Sieur Galland
met ΠΡΟΚΛΩ pour ΠΡΟΚΛΟC, que le Pere Hardoüin a mis, il commet un solecisme contre la
Grammaire, & donne un sens ridicule à cette Epigramme.

Voilà néanmoins les belles explications du Sieur
Galland que l'Autheur de cet endroit du Journal
a tellement admirées, qu'il le compare pour cela
avec le Pere Hardoüin, en commençant son extrait par ces mots: *Voici deux celebres Antiquaires*

aux mains l'un contre l'autre. C'est d'une part le Pere Hardoüin Jesuite, si connu dans la Republique des Lettres, par plusieurs ouvrages qu'il a donnez au public : & de l'autre, Mr. Galland de l'Academie Royale des Inscriptions, dont le merite & l'érudition ne peut être ignoré, que de ceux qui n'ont aucun goût pour la belle litterature. Nous avons eu ici la curiosité d'aller chez les Libraires chercher les ouvrages de litterature du Sieur Galland. On ne l'y connoît pas. Et pour moi, je ne me souviens point d'avoir vû d'autres écrits de lui, lors que j'étois à Paris, que ceux qu'il a faits sur quelques médailles; c'est-à-dire, trois ou quatre petits livrets, chacun de la grosseur d'un Almanach, où il raisonne, comme il fait ici sur les Tetriques & sur les Constantins. J'en excepte une ou deux lignes, où malgré lui il suit le sentiment du Pere Hardoüin sur une médaille fameuse, qui a pour inscription GALLIENÆ AUGUSTÆ. Au reste je ne crois pas que le Pere Hardoüin prenne la qualité d'Antiquaire ; ni qu'il en vienne aux mains avec les Antiquaires du caractere du Sieur Galland ; veu qu'il n'a jamais paru jusqu'ici s'écarter de ses études, ou prendre le change, pour s'amuser à faire de petits écrits ; & qu'il n'auroit besoin pour détruire les imaginations de cet Ecrivain, que de dire en François ce qu'il a déja dit en Latin.

L'Auteur de cet endroit du journal ajoûte aprés cela de lui-même *qu'il seroit à souhaiter, que le Pere Hardoüin voulût bien se donner la peine de composer & de donner au public un livre, où il expliqueroit les lettres & les manieres d'écrire abbregées des Grecs & des Romains.* Ce projet est aussi chimérique, que l'on en puisse imaginer. Et le moyen de faire des regles, pour expliquer une multitude prodigieuse d'inscriptions, aussi differentes, que le font les actions des Princes qu'on y loüe, quand ces inscriptions ne nous présentent que la premiere lettre, ou tout au plus deux ou trois lettres de chaque mot ! Un C par exemple, ne peut-il pas signifier plus de cent mots différens, félon la penfée différente qui compofe l'Infcription ? Il faut donc n'être gueres verfé dans ce genre d'étude, pour faire une femblable propofition. Exemple. Il y a une médaille de Neron en grand bronze, qui a au revers un fuperbe édifice, avec l'infcription, MAC. AUG. Tous ces gens qui fe difent Antiquaires, l'expliquent ainfi, *Macellum Augufti* : le Marché, c'eft-à-dire, le lieu où l'on vend chair, poiffon, legumes, & toute forte de vivres, bâti par Augufte. Cette explication eft ridicule: car un édifice auffi magnifique que celui qui eft reprefenté fur la médaille, n'eft pas affurément une place où fe tient le marché. Le Pere Hardoüin l'explique quelque part, *Maufoleum Cæfaris Augufti* : & cela eft fort bien trouvé : car en effet les reftes de ce Maufolée fe voient encore aujourd'hui à Rome, tels que la Médaille les reprefente. Quelle regle le Journalifte veut-il qu'on lui donne, pour fçavoir fi MAC. eft *Macellum* ou *Maufoleum Cæfaris*? Et qui peut demander des regles pour cela, finon celui qui fe mêle d'écrire de ce qu'il n'entend pas ?

Ce n'eft pas feulement l'érudition qui lui manque; c'eft encore l'attention à ce qu'il fait. Car il s'eft tellement précipité en copiant l'écrit du Sieur Galland, que là ou le Pere Hardoüin a expliqué, IMP. C. TETRICUS, par ces mots ordinaires, *Imp. Cæfar Tetricus*, il a mis, *Imp. Caius Tetricus*: Et là où le Sieur Galland a mis *Galerius Maximinus*, il met *Galerius Maximus*: bévuë qui fait voir qu'il n'eft gueres verfé dans l'Hiftoire, où l'Empereur Maximin fait une affez bonne figure, pour n'être pas confondu avec l'Empereur Maxime.

Mais fa critique, fur tout à l'égard du ftile de vos lettres, & de celles du Pere Hardoüin, a fort réjoüi ici les Sçavans. Il prétend qu'elles font fi femblables, qu'on pourroit croire, qu'elles font d'une même main. Nous avons lû & confronté la Préface & les lettres. Quoique fans vous flater, vôtre maniere d'écrire foit fort bonne, Monfieur; le ftile du Pere Hardoüin eft pourtant différent. Tout le monde en peut être juge. Que le Journalifte attaque le Jefuite, cela n'eft pas nouveau. Mr. Coufin l'a fait avant lui. Mais de s'en prendre auffi à vous, Monfieur; à un homme d'honneur & de diftinction, qui avez cent fois plus d'erudition, que ce faifeur d'extraits, c'eft declarer la guerre non feulement au Jefuite, mais encore à tous ceux qui auront quelque liaifon avec lui. Je crois bien que vous ne vous en fouciez gueres : auffi je doute fort que le Pere Hardoüin s'en tourmente beaucoup. Il ne fe mettra pas même en peine, ce me femble, de donner fatisfaction à ce Journalifte, fur l'empreffement qu'il paroît avoir de connoître je ne fçai quel fyftême, dont il parle affez confufément. Il y a long-tems que ce Pere fait envie à bien des gens. Comme vous êtes de fes amis, (car il s'en fait honneur par tout) exhortez-le à continuer : nous en profiterons. Je fuis.....